Louis Figuier

Le
Stéréoscope

Les Merveilles de la science

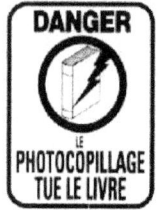
ISBN : 978-1533429780

10 9 8 7 6 5 4 3 2 1

Louis Figuier

Le
Stéréoscope

Les Merveilles de la science

Table de Matières

CHAPITRE PREMIER

CAUSE PHYSIQUE DE LA VISION DES OBJETS EN RELIEF. —
PREMIÈRES OBSERVATIONS À CE SUJET. — EUCLIDE ET GALIEN. —
LÉONARD DE VINCI. — J.-B. PORTA. — FRANÇOIS AIGUILLON. —
DE HALDAT. — ELLIOT. — H. MAYO. — M. WHEATSTONE INVENTE,
EN 1838, LE STÉRÉOSCOPE À RÉFLEXION. — DAVID BREWSTER
CONSTRUIT, EN 1844, LE STÉRÉOSCOPE À PRISMES. — LE
STÉRÉOSCOPE DE BREWSTER ET LES PHYSICIENS DE L'ACADÉMIE
DES SCIENCES DE PARIS, EN 1851.

Nous plaçons la description du stéréoscope immédiatement après celle de la photographie, parce que ces deux inventions sont étroitement liées l'une à l'autre, et se prêtent un mutuel appui. Que serait le stéréoscope sans la photographie ? Un instrument qui servirait à démontrer une proposition, quelque peu abstraite, de l'optique ; qui permettrait de faire voir en relief certains solides géométriques, que font difficilement saisir, sur le papier, la règle et le compas. Jamais, sans le secours de la photographie, le stéréoscope ne serait parvenu à réaliser ces vues saisissantes de la nature, qui mettent sous nos yeux les objets avec leurs reliefs, leurs anfractuosités et leurs saillies.

D'un autre côté, le stéréoscope est venu donner à la photographie une portée nouvelle et un intérêt inattendu. Ces vues de la nature, que l'instrument de Daguerre nous fournit avec tant de simplicité, d'abondance et d'économie, mais qui ne représentent, comme tous les dessins, que des surfaces sans relief ni profondeur, le stéréoscope permet d'en faire de petits tableaux, dans lesquels la nature se présente telle qu'elle apparaît à nos yeux. Dans cette boîte magique, la peinture devient sculpture, les détails les plus minutieux apparaissent, une image muette s'anime, une photographie devient un buste, dont un sculpteur peut s'inspirer.

Les secours et les services ont donc été mutuels et réciproques entre ces deux inventions.

Le stéréoscope fut découvert en 1838, et la photographie rendue publique en 1839. Ainsi, ces deux inventions se sont produites presque simultanément, comme s'il fallait que l'une arrivât précisément pour faire comprendre toute la valeur et l'importance

Louis Figuier

de l'autre !

Mais abordons, sans plus tarder, l'étude particulière de cet instrument d'optique. Comme l'indique son nom tiré du grec (στερεὸς, solide, σκοπέω, je vois), le *stéréoscope* est destiné à faire apparaître les images des objets en relief, comme s'ils étaient de véritables corps solides.

Sur quel principe repose cet instrument remarquable ? C'est ce que nous avons à expliquer dans cette notice, en même temps qu'à décrire les principaux appareils qui servent à produire la vision stéréoscopique.

Les objets extérieurs produisent au fond de notre œil, une image semblable à celle qui se forme dans la chambre obscure des physiciens. Mais nos deux yeux, en raison de leur écartement, ne sont pas placés exactement de la même manière par rapport à l'objet que nous considérons. Aussi les images produites à l'intérieur de chacun de nos yeux, ne sont-elles pas exactement pareilles : l'une est plus étendue que l'autre ; l'une est plus éclairée ou plus colorée que l'autre, etc. Nous recevons donc deux impressions distinctes, deux images différentes d'un même objet. Cependant tout le monde sait bien que ces deux perceptions se fondent, s'allient en un jugement simple, c'est-à-dire que nous n'apercevons qu'un objet unique. C'est là un phénomène bien curieux. Il tient à diverses causes : à l'éducation des yeux, à une habitude prise dès l'enfance, à un effort, sans doute réel, mais dont nous n'avons pas conscience, et qui, combinant entre elles les deux images dissemblables perçues par chacun de nos deux yeux, les complète l'une par l'autre, et en compose une seule, conforme à l'objet considéré, c'est-à-dire présentant le relief qui existe dans la nature.

C'est donc un effort de notre intelligence, sourd en quelque sorte, qui nous donne le sentiment du relief.

Ce sentiment du relief s'efface quand on regarde avec les deux yeux, des objets très-éloignés. Notre jugement devient alors incertain, et même trompeur. Pourquoi ? Parce que l'intervalle qui sépare nos yeux est, relativement, si petit, que les deux images de l'objet situé à une grande distance, ne présentent plus de différence entre elles, s'accordent sans effort sur nos deux rétines, et ne produisent plus dès lors la sensation du relief.

CHAPITRE PREMIER

Ainsi la sensation du relief est due à ce que deux images différentes d'un même objet, viennent se peindre sur la rétine de chacun de nos yeux, et que ces deux images, se combinant, produisent le sentiment du relief. Nous nous contentons de poser, au début, ce principe, dont nous donnerons tout à l'heure la démonstration.

Il sera nécessaire, avant d'aller plus loin, de dire quelques mots des travaux et des observations qui ont amené la découverte du stéréoscope.

La première idée de la vision stéréoscopique, ou *binoculaire*, est fort ancienne. Elle se trouve dans les ouvrages du savant géomètre grec, Euclide, contemporain d'Archimède, qui professait les mathématiques à l'école d'Alexandrie, en Égypte, vers l'an 280 avant Jésus-Christ.

Euclide dit, en effet, que si nous croyons voir avec nos deux yeux un objet unique, cela tient à la rapidité extrême avec laquelle nos deux yeux en parcourent toutes les parties, et à la simultanéité d'impression faite ainsi dans nos deux yeux, par ces deux images, pourtant distinctes.

Le célèbre médecin grec Galien, qui vécut à Rome, sous l'empereur Marc-Aurèle, c'est-à-dire vers l'an 170 après Jésus-Christ, rapporte la même hypothèse. Nous disons hypothèse, car, à cette époque, cette théorie, n'ayant pas été démontrée expérimentalement, ne pouvait être qu'une conjecture.

Jusqu'au seizième siècle, aucun écrit ne rappelle la connaissance de ce principe. Il faut arriver jusqu'en 1584, pour trouver quelque renseignement à ce sujet.

C'est dans un manuscrit écrit à Milan, que le grand peintre florentin, Léonard de Vinci, consigna la différence qui existe entre les images d'un même objet, vu simultanément par les deux yeux. Un pas de plus, et la découverte du stéréoscope était faite par Léonard de Vinci. Mais l'étude des sciences n'occupa qu'accidentellement l'esprit de ce grand homme.

Neuf années plus tard, le physicien italien Jean-Baptiste Porta, fit des recherches sur le même sujet. Porta a donné un dessin tellement complet et tellement exact des deux images séparées, telles que les voit chacun de nos yeux, et de l'image combinée qui vient se former par la superposition des deux premières, qu'on retrouve dans ce dessin, non-seulement le principe, mais encore la construction du stéréoscope,

MM. Alexandre Brown et John Brown ont retrouvé récemment au musée Wicar, à Lille, deux dessins, qui furent exécutés par Jacopo Chimenti da Empoli, peintre de l'école florentine, né en 1554, mort en 1640. Ce document prouve que le fait observé par J.-B. Porta, avait beaucoup frappé ses élèves et ses continuateurs dans l'ordre des sciences et des arts. Toutefois les ouvrages postérieurs ne disent rien de précis sur le même sujet.

Dans son *Traité d'optique*, publié à Anvers, en 1613, François Aiguillon rappelle que J.-B, Porta eut connaissance de la vision binoculaire d'images distinctes.

Depuis le dix-septième siècle jusqu'à nos jours, plusieurs savants, parmi lesquels nous citerons Gassendi, Harris et le docteur Smith, émirent des opinions assez diverses sur cette question, c'est-à-dire pour expliquer le fait de la vision simple d'un objet par deux yeux.

M. de Haldat, savant physicien de Nancy, qui s'est beaucoup occupé des phénomènes de la vision, a, le premier, étudié expérimentalement les effets de la vue simultanée de deux objets, de forme et de couleurs dissemblables. Mais il ne construisit aucun instrument propre à mettre ce principe en évidence.

En 1834, un physicien écossais, Elliot, eut l'idée d'un instrument destiné à faire voir simultanément deux images dissemblables, produisant la sensation du relief ; mais il n'exécuta cet instrument que trois ans après, c'est-à-dire en 1839, après la découverte de M. Wheatstone.

C'est en 1838, que parut le premier stéréoscope. M. Wheatstone, physicien anglais dont nous avons exposé les travaux dans la notice sur le *télégraphe électrique*, présenta à cette époque, à l'*Association britannique pour l'avancement des sciences*, son *Mémoire sur la physiologie de la vision*. M. Wheatstone soumit à cette société savante, à l'appui de ses théories, un instrument qu'il nommait *stéréoscope*, et qui avait pour but de démontrer que la superposition des deux images planes et dissemblables qui se forment sur la rétine de chacun de nos yeux, produit la sensation du relief

On ne saurait donc contester à M. Wheatstone l'honneur de

CHAPITRE PREMIER

l'invention qui nous occupe.

Dès 1832, H. Mayo avait, il est vrai, publié, dans la troisième édition de ses *Outlines of human physiology*, quelques idées théoriques très-justes sur cette question ; mais, pas plus que les autres savants qui avaient écrit sur le même sujet, il n'avait construit un instrument qui démontrât par l'expérience l'exactitude de ces vues.

L'instrument tel qu'il sortit des mains de M. Wheatstone, était un *stéréoscope à réflexion*: les deux images se formaient sur deux miroirs plans. Excellent pour démontrer le principe de la superposition des images, cet appareil était volumineux et embarrassant ; il était loin de réunir toutes les conditions de simplicité qui devaient en faire un instrument d'amusement à la portée de tout le monde.

L'inventeur le comprit lui-même ; aussi chercha-t-il à perfectionner son appareil. Il fit plusieurs essais pour transformer son *stéréoscope à réflexion* en un *stéréoscope à réfraction*, c'est-à-dire pour substituer des prismes réfracteurs aux miroirs employés pour former les deux images ; mais il ne put y parvenir.

L'honneur de la découverte du *stéréoscope à réfraction*, c'est-à-dire de l'instrument qui est actuellement entre les mains de tout le monde, appartient à un physicien anglais, mort, en 1868, chargé d'honneurs et d'années, à sir David Brewster, à qui l'on devait déjà l'invention du *Kaléidoscope*, qui a tant amusé les enfants, grands et petits.

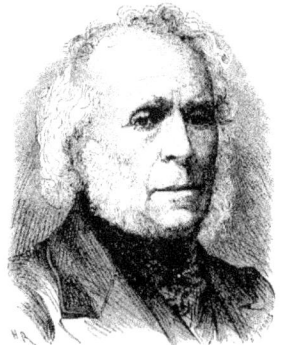

Fig. 1. — David Brewster.

Le *stéréoscope à réfraction* ou *stéréoscope à prisme* est un perfectionnement essentiel du *stéréoscope à réflexion*, en ce qu'il permet de remplacer les miroirs plans, employés par M. Wheatstone, par deux prismes occupant très peu de place, et disposés de manière à réfléchir la lumière comme des miroirs plans. Cette substitution permet de réduire considérablement le volume de l'instrument et de le rendre usuel et transportable.

M. David Brewster fut conduit à substituer, dans ce cas particulier, des prismes réfracteurs aux miroirs, par les études qu'il avait faites pour remplacer les miroirs, dans un grand nombre d'instruments d'optique, par des prismes réfracteurs. C'est en 1844, que M. Brewster construisit le *stéréoscope à prisme*.

Malgré sa simplicité de construction et la beauté des effets optiques auxquels il donnait naissance, le *stéréoscope à prisme* serait demeuré confiné dans le domaine de la science pure, sans l'infatigable persévérance de son inventeur.

Après avoir essayé pendant six années, de triompher de l'ignorance et du mauvais vouloir des opticiens et des photographes anglais, qui se refusaient à fabriquer des vues stéréoscopiques, M. Brewster, désespérant de populariser son invention en Angleterre, vint à Paris en 1851. MM. Soleil et Duboscq, opticiens, ainsi que M. l'abbé Moigno, auxquels il fit voir l'instrument qu'il avait fait fabriquer par Soudon, opticien à Dundee, comprirent tout de suite tout le parti que l'on pouvait tirer de cet appareil, et M. Duboscq en fit aussitôt fabriquer plusieurs.

Un incident particulier contribua beaucoup à donner, en Angleterre, une certaine vogue au stéréoscope. Un de ces instruments avait été présenté par M. Brewster, à l'Exposition universelle de Londres, en 1851, à titre de nouveauté scientifique. Pendant une des visites que la reine Victoria faisait au Palais de cristal, cet instrument frappa ses regards ; Elle s'amusa longtemps de ce spectacle nouveau. Quelques jours après, M. Brewster présenta à la reine un magnifique modèle de stéréoscope, construit à Paris par M. Duboscq. La souveraine d'Angleterre se montra très-heureuse de cet hommage.

L'événement ayant fait quelque bruit, M. Duboscq reçut d'Angleterre de nombreuses demandes. L'instrument une fois connu, la vogue ne tarda pas à arriver. Aussi les opticiens anglais, regrettant leur erreur première, se mirent-ils à fabriquer presque tous des stéréoscopes Brewster, de préférence au stéréoscope Wheatstone.

Il restait cependant à faire connaître et à répandre cet instrument en France. C'est à M. l'abbé Moigno que revient le mérite d'avoir fait sur le continent, la fortune scientifique de l'instrument de Brewster.

M. l'abbé Moigno commença par écrire sur le nouvel instrument, une brochure excellente pleine d'aperçus originaux et à laquelle on n'a pas beaucoup ajouté depuis.[1] Mais l'important était d'intéresser au stéréoscope les physiciens de Paris ; et comme en matière scientifique, il faut toujours commencer en France, on n'a jamais bien su pourquoi, par l'Institut, M. l'abbé Moigno dut s'occuper, avant toute chose, de présentera l'instrument de Brewster aux membres de la section de physique de l'Académie des sciences.

Il débuta par Arago, le secrétaire perpétuel de l'Académie, dont l'autorité était immense, et qui trônait à l'Observatoire.

Arago reçut avec sa bienveillance ordinaire le savant abbé, dans son Olympe astronomique ; mais Arago, avait un défaut grave dans l'espèce : il y voyait double, ou, si vous préférez un mot scientifique plus sonore, mais qui n'en dira pas davantage, il était affecté de *diplopie*. Regarder au stéréoscope, qui doublent les objets, avec des yeux affectés de diplopie, c'est voir quatre objets, et par conséquent être complètement inaccessible aux effets de cet instrument ; Lorsque Arago eut appliqué, pour la forme, ses yeux au stéréoscope, il le rendit tout aussitôt, en disant : « Je ne vois rien. »

M. l'abbé Moigno replaça donc l'instrument sous sa soutane, et alla sonner à la porte d'un autre membre de la section de physique de l'Institut, Félix Savart, à qui l'acoustique est redevable de tant de découvertes, mais qui était complètement étranger à l'optique.

Savart avait un œil entièrement voilé ; était à peu près borgne. Il consentit, en se faisant un peu prier, à appliquer son bon œil devant l'instrument ; mais il le retira bien vite, en s'écriant : « Je n'y vois goutte. »

---

1 *Stéréoscope*, ses effets merveilleux ; *pseudoscope*, ses effets étranges, par l'abbé Moigno, brochure in-8°, avec planches. Paris, 1852.

Louis Figuier

Le bon abbé reprit, en soupirant, son stéréoscope et sa brochure, et alla porter le tout au Jardin des Plantes, à M. Becquerel.

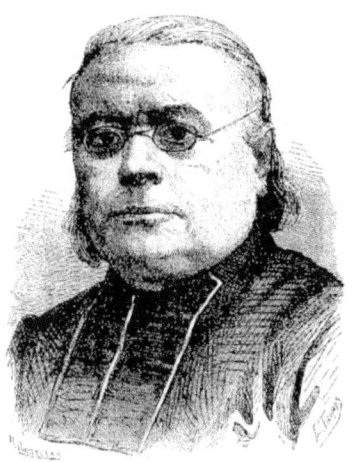

Fig. 2. — L'abbé Moigno.

Ce physicien s'est rendu célèbre par ses découvertes sur l'électricité, mais il ne s'est jamais occupé d'optique, par une assez bonne raison : il est borgne. Malgré sa bonne volonté, M, Becquerel ne put donc rien discerner dans un instrument qui exige le concours, des deux yeux.

Le bon abbé commençait à désespérer de sa mission. Cependant, comme il a la ténacité des têtes bretonnes, il voulut pousser l'entreprise jusqu'au bout ; Pour continuer sa tournée, il monta dans une voiture, et se fit, conduire au Conservatoire des Arts et métiers, chez M. Pouillet, qui professait alors avec éclat la physique dans cet établissement, et qui ne devait pas tarder, d'ailleurs, a voir payer ses beaux et longs services dans l'enseignement public, par une disgrâce absolue.

M. Pouillet, quand il s'agit de science, est toujours enflammé d'un saint zèle, mais M. Pouillet a un défaut : il est louche. Avec des yeux aux axes divergents, il est impossible de faire coïncider en un même point les doubles images du stéréoscope. Après de vains efforts, le physicien du Conservatoire des Arts et métiers fut donc forcé de déclarer à son tour, qu'il n'y voyait, comme on dit, que du feu.

Il y avait cependant un membre de la section de physique de l'Académie qui n'avait ni diplopie ni strabisme, et qui, loin d'être borgne ou d'avoir l'œil voilé, y voyait parfaitement clair de toutes manières : c'était l'illustre Biot. M. l'abbé Moigno alla donc, en toute confiance, sonner à la porte du doyen de l'Académie, qui demeurait au Collège de France.

Biot, nous venons de le dire, avait d'excellents yeux ; seulement, quand on lui présenta le stéréoscope, il fut subitement frappé de cécité. Expliquons-nous : il fut aveugle volontaire ; en d'autres termes, il refusa de voir, après avoir consenti à grand-peine à regarder. Ce phénomène d'optique contrariait-il la théorie classique de l'émission de la lumière, la doctrine de Newton, dont Biot fut le constant et le brillant défenseur ? Nous n'entreprendrons pas de le décider ; toujours est-il qu'une cécité volontaire le frappa, comme elle avait frappé, dans des conditions toutes semblables, le physiologiste Magendie, qui, un jour, et devant une commission académique, refusa obstinément de mettre l'œil au microscope, pour constater, d'un simple regard, une de ses erreurs anatomiques.

Voilà avec quel empressement les physiciens de l'Académie, auxquels s'adressa le patron bénévole de l'invention de Brewster, accueillirent cette communication.

Heureusement, il y avait au Collège de France, à deux pas de l'appartement de Biot, un autre physicien, membre de l'Académie, qui n'est jamais, ni volontairement ni involontairement, aveugle : c'est M. Regnault. Le jeune et célèbre physicien examina avec la plus grande attention l'appareil de son collègue de Londres. Il fut charmé de ses effets, et il l'appuya très-chaudement, à partir de ce jour, auprès des savants de la capitale.

La glace étant ainsi rompue, la fortune commença à sourire à l'ingénieux instrument qui nous arrivait d'Angleterre. Les journaux scientifiques et autres parlèrent de ses remarquables effets, de ses révélations et de ses surprises ; la vogue se mit de la partie, et nos opticiens commencèrent à fabriquer par milliers des stéréoscopes à prismes.

Louis Figuier

CHAPITRE II

FAITS À L'APPUI DE LA THÉORIE DU STÉRÉOSCOPE ET DE LA
VISION STÉRÉOSCOPIQUE.

Depuis l'année 1852, époque à laquelle le stéréoscope commença à se répandre en Angleterre et en France, on a modifié de différentes manières le *stéréoscope à prismes*, sans rien changer pourtant de bien essentiel à ses dispositions. On a seulement construit un grand nombre de stéréoscopes nouveaux, plus compliqués ou plus puissants, et que nous aurons à faire connaître. Mais avant de décrire chacun de ces stéréoscopes en particulier, il est indispensable, pour l'intelligence du sujet, de donner quelques explications sur la théorie du stéréoscope, théorie que nous n'avons fait que poser en principe, au commencement de cette notice, sans en présenter les preuves. Nous avons maintenant à donner la démonstration de ce principe.

Quand nous regardons un objet avec nos deux yeux, nous le voyons tel qu'il est, c'est-à-dire saillant, solide et en relief. Mais ce relief, nous le faisons comme M. Jourdain faisait de la prose, c'est-à-dire sans le savoir. Il est dû à la superposition, à l'accouplement, des deux images planes et dissemblables, qui se forment sur la rétine de chacun de nos deux yeux.

Cette proposition semble, au premier abord, abstraite et difficile à comprendre ; mais une expérience que tout le monde peut faire, en démontrera l'exactitude et la simplicité.

Devant les deux yeux, placez votre main gauche dans la position verticale, de manière que le pouce et l'index soient seuls visibles. Fermez l'œil droit, et ouvrez le gauche, vous apercevrez la face antérieure de la main B (*fig. 3.*). Fermez maintenant l'œil gauche et ouvrez le droit, l'image sera totalement changée : ce n'est plus la face antérieure de la main que vous verrez, ce sera la face interne, C. Ouvrez les deux yeux, et vous ne verrez plus qu'une seule image, A, qui représente une partie des deux faces antérieure et postérieure de votre main. Cette observation prouve que c'est bien la combinaison que notre esprit fait de ces deux images séparées, qui produit l'image entière que nous apercevons des deux yeux.

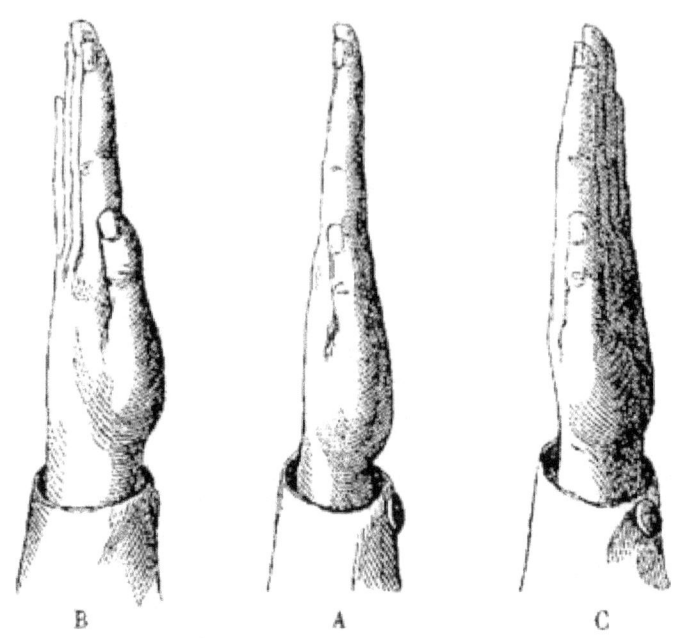

B   A   C

Fig. 3. — Les trois aspects de la main.

Aux deux images distinctes que tout objet envoie à chacun de nos yeux, si nous substituons deux dessins qui soient bien identiquement la représentation de chacune de ces images, nous nous placerons dans les mêmes conditions que la vision naturelle, et nous aurons non-seulement la sensation du relief, mais encore celle de la couleur, de la dégradation des teintes, en un mot le même sentiment que si nous avions la nature elle-même devant les yeux.

La figure 4 représente deux dessins tels qu'on verrait le même sujet, en regardant d'abord de l'œil droit seulement, ensuite de l'œil gauche seul. Pour construire un stéréoscope, c'est-à-dire un instrument qui produise en nous les mêmes sensations que la vision naturelle, nous n'avons plus, étant donnés les deux dessins des images distinctes, qu'à trouver un moyen d'envoyer sur les rétines de chacun de nos yeux ces images, comme le ferait l'objet lui-même.

Louis Figuier

On peut, sans avoir recours à aucun instrument, déterminer avec les deux images de la figure 4 la sensation du relief, par un artifice bien simple. Plaçons sur une table, à côté l'un de l'autre et en face de son œil respectif, le dessin droit et le dessin gauche ; fixons-les attentivement, de manière à ne pas laisser errer notre regard : alors nous verrons l'objet représenté par les dessins nous apparaître avec ses trois dimensions, comme si nous le regardions dans l'espace.

Comme il est très-difficile de fixer les yeux sur deux objets différents, on peut rendre la chose plus commode en plaçant devant le nez une cloison quelconque, en papier, ou même la main. Mais, outre la fatigue très-grande que produit ce mode d'observation, un inconvénient sérieux, c'est qu'il occasionne des douleurs de tête, et si cet exercice est prolongé quelque temps, il peut provoquer le strabisme. On peut, sans s'exposer à aucun de ces dangers, se servir du stéréoscope de Brewster, qui sera décrit dans le chapitre suivant ; et alors le relief apparaît avec toute évidence.

Un physicien anglais, M. Brücke, a fait, dans le même ordre de démonstrations, d'autres remarques. Il a prouvé que notre vue ne peut embrasser un objet tout entier d'une vision très-distincte, et que la lucidité d'un point quelconque de cet objet est toujours au détriment de la clarté du reste de ses parties. Quand nous regardons un corps, ce n'est donc pas du premier coup que nous en percevons toutes les formes, mais bien grâce à une série d'impressions se produisant à des intervalles très-rapprochés, il est vrai, mais pourtant appréciables. Il faut aussi, pour que la sensation du relief se produise, non pas que les images viennent frapper ensemble nos yeux, mais qu'elles arrivent isolément tout en paraissant venir du même point.

Il est donc établi, par ces différentes remarques, que le sentiment du relief d'un corps vu par nos deux yeux, résulte de deux images dissemblables de ce corps, formées sur chacune des rétines de nos deux yeux, images que l'intelligence combine et réunit de manière à nous donner l'impression de l'objet total.

On a fait à cette proposition une objection, grave en apparence, en disant que les personnes borgnes, de naissance ou accidentellement, perçoivent les reliefs, apprécient les distances et les effets de perspective, à peu près comme celles qui jouissent de

CHAPITRE II

leurs deux yeux. Mais il faut tenir compte, dans ce cas, de l'exercice des autres sens et d'une longue habitude. Il est, du reste, un fait important à noter : c'est que, quand un individu privé d'un œil regarde un objet éloigné, la direction de son regard et la position de sa tête varient continuellement sans qu'il en ait conscience. Il cherche instinctivement à obtenir sur sa rétine unique diverses images destinées à suppléer aux deux images naturelles des deux rétines. « Ce mouvement, dit M. l'abbé Moigno, est d'ailleurs assez rapide pour que la seconde image se forme avant la disparition de la première, et que de leur existence simultanée résulte l'estimation de la distance avec la perception des reliefs et des creux. »

Après cet exposé général, nous passons à la description des principaux appareils qui portent le nom de stéréoscopes, et qui diffèrent par certaines dispositions.

CHAPITRE III

LE STÉRÉOSCOPE À MIROIRS DE M. WHEATSTONE. — LE STÉRÉOSCOPE À PRISMES DE BREWSTER.

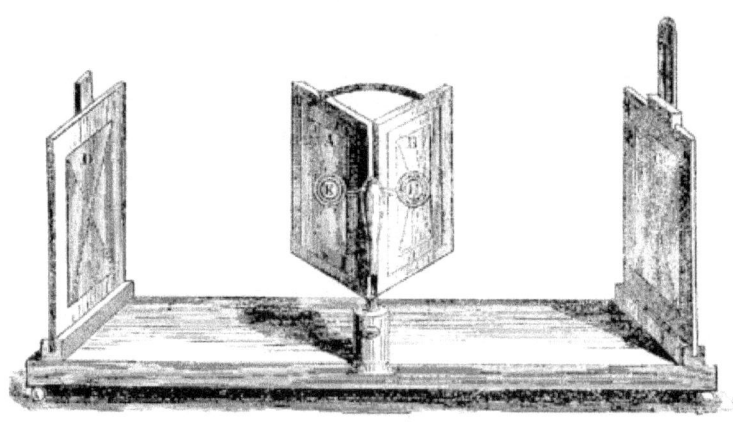

Fig. 5. — Stéréoscope à Miroirs de M. Wheatstone.

Le *stéréoscope à miroirs* de M. Wheatstone est le premier qui ait été construit. Cet instrument, que représente la figure 5, consiste en une boîte (dont on a enlevé les parois sur cette figure, afin d'en montrer les dispositions intérieures), qui porte sur ses deux cloisons verticales D, C, deux dessins préparés conformément aux principes de la vision stéréoscopique, c'est-à-dire non identiques, et différant légèrement entre eux, par la longueur de l'espace embrassé. Au milieu de la boîte, sont deux miroirs plans, A, B, réunis à angle droit. Le dessin gauche D et le dessin droit C viennent se refléter sur les miroirs A, B, et les deux images, arrivant dans l'œil de l'observateur, lui donnent la sensation du relief.

Dans l'instrument tel qu'il est construit, les miroirs et les dessins sont enfermés dans la boîte, et l'observateur applique son œil à deux petites lunettes, E, F, garnies de verres convexes. Ces petites lunettes, que l'observateur règle selon sa vue, grâce à une crémaillère, grossissent l'image, et rendent l'effet plus saisissant.

Quoiqu'en apparence fort, simple, ce stéréoscope était d'un usage difficile. Ce n'était qu'à force d'habitude que l'on arrivait à pouvoir adapter promptement les miroirs au point voulu. Il avait, en outre, l'inconvénient d'être très volumineux et, par conséquent, peu portatif. En substituant des prismes aux miroirs, Brewster rendit ce curieux instrument beaucoup plus usuel.

Avant de donner en détail la description du Stéréoscope de Brewster, il est nécessaire de faire comprendre comment on a pu substituer aux miroirs plans employés par M. Wheatstone, des prismes réflecteurs, et obtenir les mêmes effets.

Sur un miroir plan AB (*fig.* 6), placé horizontalement, faisons tomber, en D, un rayon incident C. Il se reflète suivant la ligne E. Si au point d'incidence D, nous élevons une ligne DF, perpendiculaire à AB, en vertu des lois de la réflexion de la lumière, l'angle d'incidence CDF sera égal à l'angle de réflexion EDF. Si donc on place son œil au point E, ce n'est pas l'image réelle de l'objet C que l'on verra, mais bien l'image C', qui n'en est que la représentation virtuelle, et qui paraît située derrière le miroir. L'expérience a prouvé que ce point C' est toujours symétrique au point C, c'est-à-dire que C' est placé à la même distance que C du miroir AB ; de plus, que la ligne AB, représentée par le miroir, et que l'on appelle *axe de la symétrie*, est perpendiculaire à une

CHAPITRE III

ligne qui joindrait les points C et C'. Il est établi encore, que quand le rayon émané d'un point lumineux arrive à l'œil, après avoir subi, par des causes quelconques, un ou plusieurs changements de direction, l'impression reçue est celle que produirait un point lumineux situé quelque part sur le prolongement géométrique de la dernière direction de ce rayon. Ce principe explique encore comment, lorsqu'on place face à face deux miroirs plans, on voit les objets placés entre ces deux réflecteurs se multiplier à l'infini. C'est ainsi que l'on a produit de très-belles illusions d'optique et que l'on simule, par exemple, des salles d'une profondeur infinie.

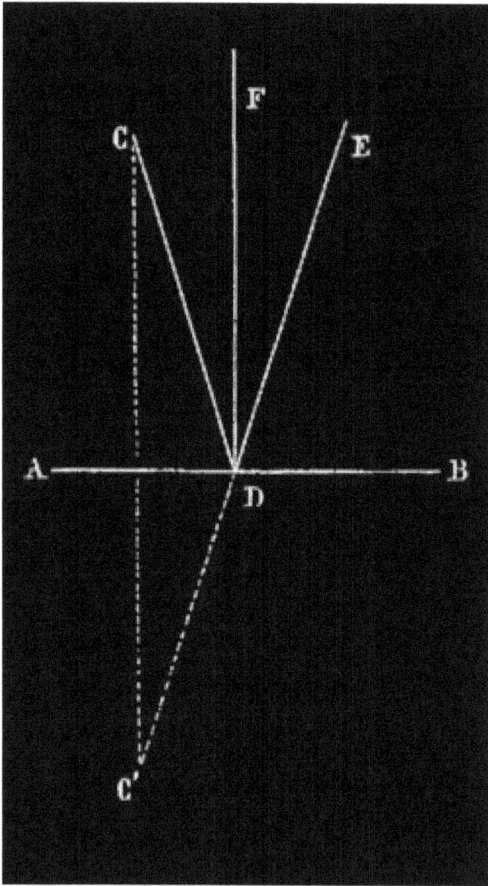

Fig. 6. — Réflexion des rayons lumineux sur un miroir plan.

Qu'arrivera-t-il, si nous remplaçons le miroir plan par un

Louis Figuier

prisme ? Le rayon incident RI (*fig.*7) tombe obliquement sur la surface AB du prisme ABC. D'après les lois de la réfraction, le rayon lumineux, changeant de milieu, se réfracte d'abord dans le verre, en se rapprochant de la perpendiculaire, et prend la direction I′. Arrivé là, il subit une nouvelle déviation, et en sortant du verre pour passer dans l'air, il s'écarte de la perpendiculaire, et prend la direction I′E. Ainsi le rayon parti de R viendra frapper l'œil placé au point E. Le rayon incident a donc été brisé deux fois, suivant II′, puis suivant I′E, de manière à être ramené vers la base du prisme. L'œil placé en E n'aperçoit pas l'objet réel situé en R ; ce qui le frappe, c'est l'image virtuelle de cet objet, qui est située sur le prolongement géométrique de la direction du rayon réfracté I′E, et qui est placée en E′. L'image paraît ainsi remonter vers le sommet du prisme.

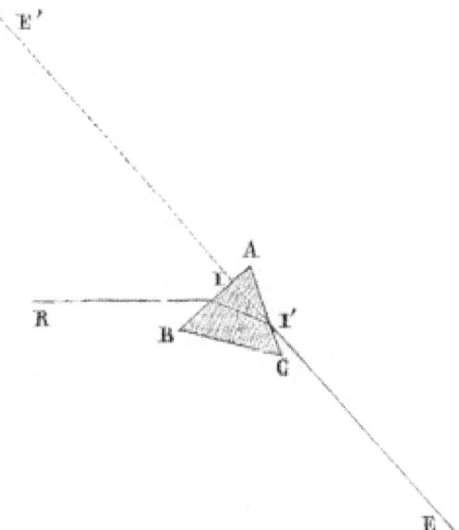

Fig. 7. — Marche des rayons lumineux dans le prisme réflecteur.

Il était donc possible de remplacer, dans le stéréoscope de M. Wheatstone, le miroir plan par un prisme dont l'angle fût placé de telle sorte que la réflexion des rayons lumineux s'opérât dans son intérieur, comme dans un miroir plan. C'est ce que fit Brewster. Aux miroirs plans employés pour faire réfléchir les deux images stéréoscopiques, il substitua deux prismes, à l'intérieur desquels la réflexion de ces images s'opère comme elle s'opérait à la surface des miroirs plans employés par M. Wheatstone.

Les avantages pratiques qui résultent de cette substitution, se comprennent aisément. Le *stéréoscope à miroirs* occupait une grande place, et constituait un véritable appareil de cabinet de physique ; par ses dimensions, le *stéréoscope à prismes* est, au contraire, un véritable instrument de salon.

Le *stéréoscope à prismes* ou *stéréoscope de Brewster* (*fig.* 8) est une boîte de substance opaque, ayant à peu près $0^m,10$ de largeur à sa partie inférieure sur $0^m,13$ de hauteur. Il porte à sa partie supérieure, deux tuyaux de lorgnette, qui appellent l'application des yeux. Dans chacun de ces tuyaux est placé l'un des prismes produisant chacun l'effet de réfraction de l'une des deux images. Sur le devant de la boîte est une porte CD, garnie de papier d'étain qui sert à refléter la lumière sur les images que l'on place en regard des prismes, et que l'on introduit par une fente située à la partie latérale. On peut aussi, grâce à cette ouverture, nettoyer facilement le côté interne des verres.

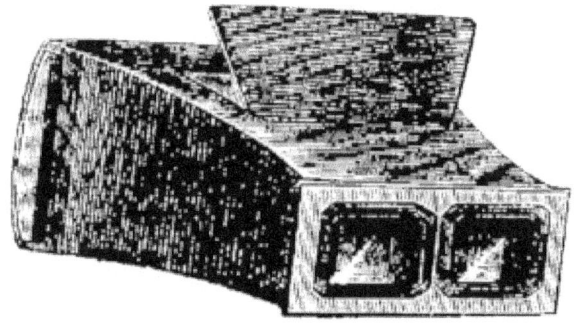

Fig. 8. — Stéréoscope de Brewster.

Pour que l'observateur puisse voir sans fatigue l'effet stéréoscopique produit par la combinaison des deux images, on a disposé au milieu de la boîte, une cloison qui isole chacune des images.

Telle est la disposition de l'instrument. Voyons maintenant ce qui se passe lorsqu'on regarde deux dessins à travers les deux prismes.

Louis Figuier

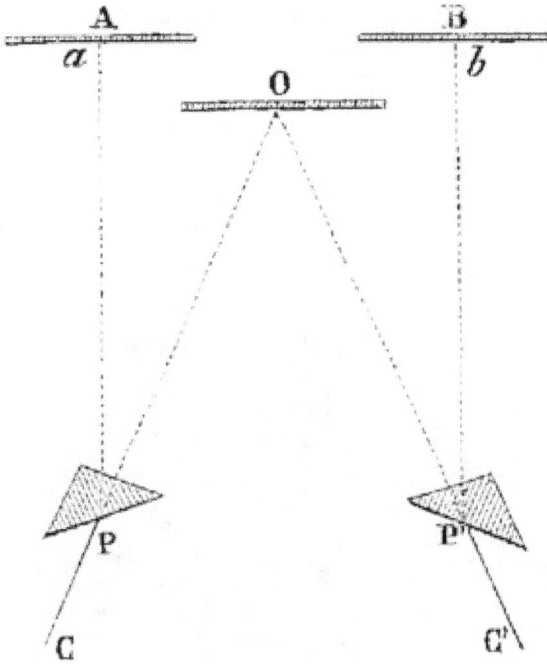

Fig. 9. — Figure géométrique des effets du stéréoscope à prismes.

Soient A, B (*fig.* 9) les deux dessins, et *a*, *b* un point pris sur chacun de ces dessins. Sur le trajet des rayons émis par les deux points *a* et *b*, plaçons deux prismes P et P'. D'après ce qui a été expliqué grâce à la figure 7, les rayons réfractés arriveront aux deux yeux C et C', et sembleront partir de leur point de convergence, c'est-à-dire du point O ; de telle sorte que si l'angle des prismes et leur distance aux images A et B sont convenablement calculés, ces deux images se superposeront en O, comme dans le stéréoscope à réflexion.

Les premières épreuves stéréoscopiques étaient faites à la main, ce qui était d'une grande difficulté. Lors de la découverte du daguerréotype, on fit pour le stéréoscope, des plaques daguerriennes doubles ; mais le procédé d'exécution était fort coûteux, et les épreuves étaient difficiles à se procurer. Ce ne fut que grâce au progrès de la photographie que l'on arriva à fabriquer

CHAPITRE III

des vues fort belles et à des prix modérés. M. Duboscq publia le premier une collection de vues stéréoscopiques.

Quoique Brewster eût signalé, dès 1850, la possibilité de faire des épreuves de couleur sur papier transparent, ou sur plaque de verre, il n'avait pas eu l'idée d'enlever la paroi opaque postérieure du stéréoscope et de la remplacer par un verre dépoli, pour rendre l'éclairage de ces épreuves possible. Ce fut M. Duboscq qui remplaça le premier cette paroi par une glace qui permet le passage de la lumière.

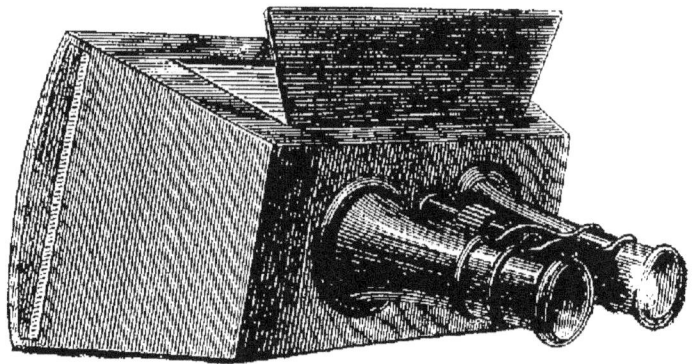

Fig. 10. — Stéréoscope à crémaillère de Brewster.

La figure 10 représente le modèle le plus commode de stéréoscope. Il est muni d'une crémaillère, à la façon des lorgnettes d'opéra, ce qui permet à l'observateur de régler la position des prismes selon sa vue. La paroi AB, qui termine l'instrument, est en verre dépoli, et les épreuves, photographiques sont formées elles-mêmes sur une lame de verre. Une porte CD, doublée d'une feuille d'étain, que l'on ouvre ou que l'on ferme à volonté, permet d'augmenter ou d'atténuer la quantité de lumière transmise à l'instrument.

M. Ferrier, photographe de Paris, a donné au stéréoscope de Brewster une disposition très-commode et dont les effets sont pleins de charmes. Dans l'intérieur d'une grande colonne de forme prismatique, il a établi sur un axe que l'on fait tourner au moyen d'un bouton, une grande quantité de vues stéréoscopiques sur verre. L'observateur commodément assis et ayant l'œil à la lorgnette, tourne le bouton et fait défiler devant lui toute la série

Louis Figuier

d'épreuves contenues dans l'intérieur de l'instrument. On fait ainsi un *voyage dans un fauteuil* à travers les sites les plus variés. La figure 11 représente cet appareil.

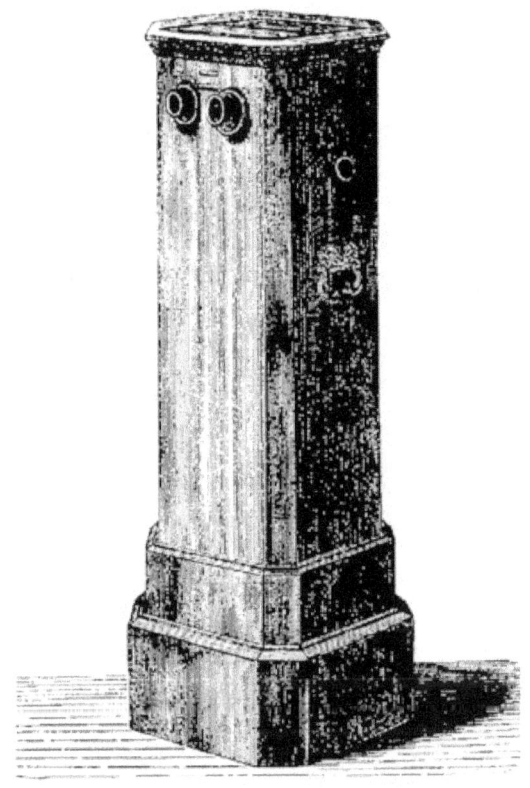

Fig. 11. — Stéréoscope à colonne de M. Ferrier.

CHAPITRE IV

STÉRÉOSCOPE À RÉFLEXION TOTALE. — STÉRÉOSCOPE
PANORAMIQUE DE M. DUBOSCQ. — STÉRÉOSCOPE ELLIOT. —
TÉLÉS-STÉRÉOSCOPE DE M. HELMHOLTZ. — MONO-STÉRÉOSCOPE
DE CLAUDET. — EFFET STÉRÉOSCOPIQUE OBTENU PAR DES VERRES
COLORÉS. — LE STÉRÉOSCOPE OMNIBUS. — LE STÉRÉOSCOPE
REMPLACÉ PAR LA LORGNETTE D'OPÉRA.

Le *stéréoscope à miroirs* de M. Weatstone, et le *stéréoscope à prismes* de Brewster, sont les appareils classiques pour ainsi dire. Pour compléter ce sujet, nous signalerons un certain nombre d'appareils qui ne sont pas d'un emploi usuel, mais qu'il est impossible de passer sous silence, vu les applications particulières qu'ils pourront recevoir.

C'est postérieurement aux travaux de MM. Wheatstone et Brewster qu'ont été imaginés les divers instruments dont nous allons donner une idée.

Stéréoscope à réflexion totale. — On a lieu de s'étonner que cette forme de stéréoscope ne soit pas devenue plus populaire que les autres, vu la simplicité de sa construction. Elle n'exige qu'un seul dessin de l'objet.

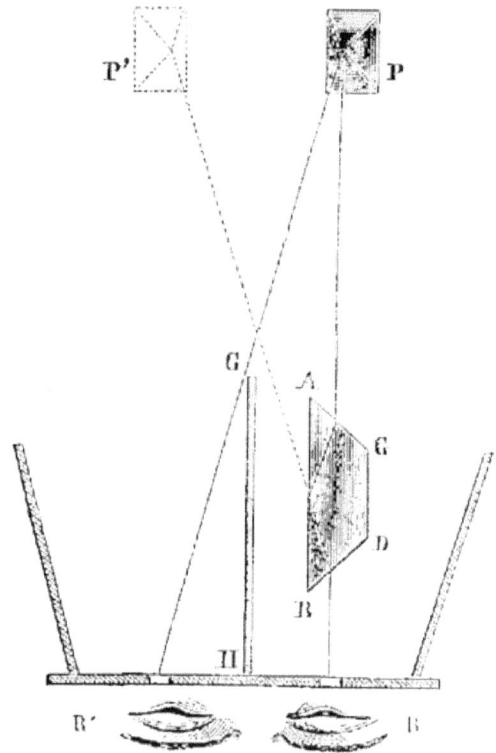

Fig. 12. — Stéréoscope à réflexion totale.

Louis Figuier

La figure 12 met en évidence le principe de cet instrument. Soit P le dessin de l'objet tel qu'on le voit d'un œil. ABCD est un prisme dont la base BD est assez large pour permettre l'application de l'œil R, afin de voir le dessin en entier et par réflexion. Des rayons lumineux partant du dessin P iront se réfracter à la base du prisme ABCD, et si l'angle du prisme est calculé pour produire ce que les physiciens appellent *réflexion totale de la lumière*, ces rayons viendront former en P'une image virtuelle due à la réflexion totale de l'image P sur la base BD du prisme interposé entre l'œil, R, et l'image. On dispose entre les deux yeux un diaphragme en bois noirci pour intercepter les rayons étrangers au trajet direct. L'effet stéréoscopique résulte de ce que l'on voit deux images, l'une, P, vue directement par l'œil gauche, R' ; l'autre, P', vue par l'œil droit, R, grâce à la réflexion totale des rayons lumineux produite par le prisme ABCD.

Si l'on voulait construire un stéréoscope grossissant, rien ne serait plus simple que de placer aux ouvertures R et R' des lentilles de foyers différents suivant les différences des foyers directs et réfléchis, et douées en outre de pouvoirs grossissants. C'est ce que M. Duboscq a fait pour la superposition des grandes images.

Stéréoscope panoramique. — Le même opticien a trouvé dans cette combinaison un moyen de construire un stéréoscope panoramique. La difficulté tenait à la nature des images qui, à cause de leurs grandes dimensions, ne peuvent pas se mettre, dans leur sens naturel, l'une à côté de l'autre. M. Duboscq prend les deux épreuves stéréoscopiques et les place l'une au-dessous de l'autre, pour produire l'effet optique qui va être expliqué.

L'appareil (*fig.* 13) se compose d'un écran E, que l'observateur tient à la main. C'est derrière cet écran et l'une au-dessus de l'autre, que l'on place les épreuves stéréoscopiques. La face antérieure de cet écran est garnie de tuyaux de lorgnette, B, B', qui ne contiennent ni prismes ni lentilles, et qui ne servent qu'à diriger la vue entre l'espace laissé libre par les deux épreuves. De la partie postérieure de l'écran se détache un bras, R, qui supporte sur des pivots deux miroirs M, M', mobiles, et inclinés de telle façon que l'un réfléchisse l'épreuve stéréoscopique supérieure, et l'autre l'épreuve stéréoscopique inférieure placées derrière l'écran. Les rayons réfléchis sont dirigés dans les yeux par les tuyaux de lorgnette B,

B′, et la sensation du relief se produit.

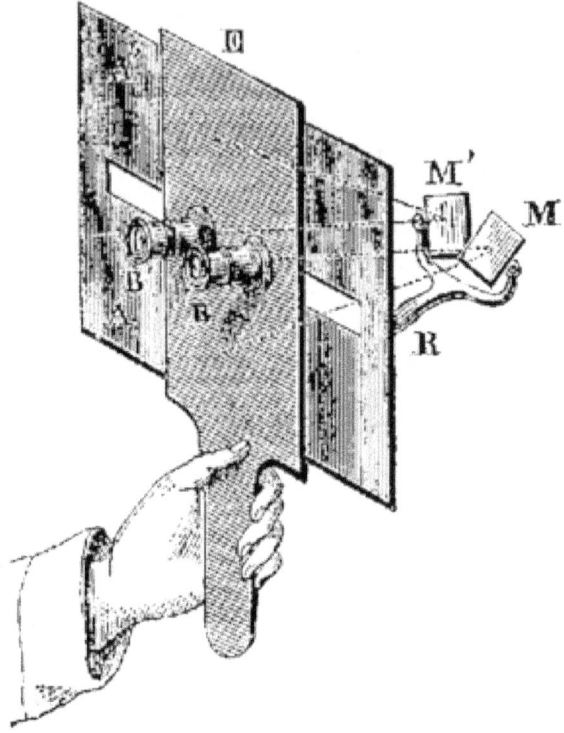

Fig. 13. — Stéréoscope panoramique de M. Duboscq.

M. Duboscq a construit un autre stéréoscope panoramique, dans lequel l'œil droit regarde librement l'image, mais devant l'œil gauche sont placés deux prismes, l'un immobile, l'autre mobile sur un pivot, et par la rotation duquel on amène sur le même plan l'image supérieure et l'image inférieure. C'est lorsque ce résultat est atteint que l'on obtient l'effet du relief.

Ces appareils présentaient un inconvénient sérieux. Un même stéréoscope ne pouvait servir à plusieurs personnes différentes, car la portée des vues n'étant pas la même, un myope ne pouvait se servir sans grande fatigue de l'instrument approprié à la vue du presbyte ; M. Duboscq a remédié à cette difficulté en séparant la partie réfringente de la partie convergente de l'appareil. Dans son instrument, la variation des rayons est produite par des prismes fixes, le grossissement est le résultat de l'adaptation des lentilles que l'on peut, au moyen d'un écrou, faire avancer ou reculer, afin de l'adapter à toutes les vues, et de rendre les effets stéréoscopiques plus saillants.

Il ne suffisait pas de neutraliser la myopie et la presbytie, il fallait encore, et c'était là le plus difficile, remédier au strabisme, convergent ou divergent. M. Duboscq a résolu la question en modifiant l'angle réfringent du prisme, au moyen d'une autre paire de prismes que l'on fait mouvoir par un écrou semblable à celui dont on se sert pour mobiliser les lentilles.

Stéréoscope Elliot. — En louchant d'une façon convenable, on peut arriver à superposer deux images, quelle que soit leur grandeur, pourvu que ces images soient placées l'une à côté de l'autre verticalement et devant soi. Mais ce genre d'exercice n'est pas à la portée de toutes les vues, et il n'est pas sans danger pour les yeux. Le *stéréoscope à miroirs* de M. Wheatstone peut bien produire le relief de grandes images ; mais comme les images doivent être placées face à face, il faut les écarter beaucoup quand elles sont d'une grande dimension, ce qui offre de grandes difficultés avec cet instrument. Il faut alors, ou les suspendre aux murs de la salle et s'exposer aux inconvénients d'un éclairage inégal ; ou, quand l'espace qui les sépare n'est pas convenable, faire construire des supports pour chacune des épreuves. Le parallélisme est en outre assez difficile à obtenir. Enfin, si la distance du miroir aux images n'est pas égale de chaque côté, les images n'étant plus symétriques, il en résulte de la confusion.

C'est pour obvier à tous ces inconvénients que M. Elliot construisit son stéréoscope. Dans sa forme la plus simple, cet instrument se compose d'un cadre de bois semblable à une boîte ouverte par le fond. Deux côtés de cette boîte sont fermés ; une autre extrémité présente deux ouvertures percées de manière à permettre l'application des yeux. Les deux autres côtés de la boîte sont rentrants en dedans, de sorte que le côté droit cache à l'œil droit l'une des deux images, et réciproquement pour le côté gauche ; de telle façon que chaque œil ne puisse voir que l'image qui lui est opposée, c'est-à-dire l'œil gauche l'image droite, et l'œil droit l'image gauche. Au moyen d'un morceau de carton, ou d'une coulisse en bois verticale, on diminue l'ouverture de façon à ne laisser apercevoir que la largeur des images. Cela fait, les deux images ressortent entre l'œil et les dessins comme un paysage en miniature.

Télestéréoscope. — Un physicien allemand, M. Helmholtz, a fait connaître un autre moyen de réaliser l'effet du relief sur des objets placés à une grande distance dans un paysage naturel. L'instrument qui permet d'obtenir cet effet a reçu de l'auteur le nom de *télestéréoscope*, c'est-à-dire *stéréoscope du lointain*. Voici, d'après le *Cosmos*, les principes sur lesquels repose cet instrument, que chaque amateur peut construire lui-même, et qui devient une sorte de meuble pour les salons des maisons de campagne qui jouissent d'une vue lointaine et d'un espace vide laissant apercevoir une certaine étendue.

Dans un paysage, les objets très-éloignés et placés sur les derniers plans de l'horizon, ne s'aperçoivent qu'avec très-peu de relief, et ne produisent que fort peu d'effet, parce que la distance entre nos deux yeux est trop petite pour que l'on ait la sensation parfaite du relief. Le physicien allemand s'est proposé d'obtenir, dans la vision d'un paysage, sans le secours de doubles images prises à l'avance par la photographie, l'effet de relief que le stéréoscope produisait seul jusqu'ici.

« M. Helmholtz, dit le *Cosmos*, prend une planche longue d'environ 1ᵐ,50, et il la place en travers. Aux extrémités de cette planche, et perpendiculairement à sa surface, il dresse deux miroirs formant, avec l'axe ou la ligne médiane de la planche, des angles de 45 degrés. Au milieu de cette même planche, à 0ᵐ,75 des extrémités, il dresse deux miroirs plus petits, parallèles aux premiers et distants de la distance des deux yeux. Placé au milieu de l'arête antérieure de la planche, l'observateur regarde avec son œil droit dans l'un des petits miroirs, avec son œil gauche dans l'autre ; il voit par là même, dans les petits miroirs, les grands miroirs et les images des paysages qui s'y réfléchissent. Or, on comprend sans peine que, par cette disposition, les images qu'il regarde et qu'il perçoit avec ses yeux, séparés seulement de 0ᵐ,08, sont celles que verraient deux yeux placés aux extrémités de la planche, c'est-à-dire distants de 1ᵐ,50 et que l'effet de relief doit, par conséquent, être augmenté dans une proportion très-considérable, surtout si l'on regarde avec une lorgnette qui rapproche ou grossit les objets, ou simplement

Louis Figuier

avec des lunettes ordinaires. C'est ce qui arrive réellement, et dans ces conditions, l'effet produit surpasse même celui que l'on obtiendrait avec des images stéréoscopiques, parce que le paysage se montre, non plus représenté par un dessin formé de noirs et de blancs, mais avec ses couleurs et ses gradations naturelles de tons. Des objets distants de 800 et même de 1 500 mètres se détachent alors parfaitement du fond, avec lequel ils se confondaient quand on les regardait à l'œil nu ; les objets plus rapprochés ont retrouvé leur relief ou la solidité de leurs formes, et l'œil est tout surpris de cette quasi-révélation de détails qui lui échappaient auparavant. »

Monostéréoscope de Claudet. — En 1858, Claudet, qui était déjà connu par ses recherches photographiques et ses travaux sur le stéréoscope, présenta à la *Société royale de Londres* un instrument qui, au moyen d'une image projetée sur un verre dépoli et résultant de la fusion en une seule de deux images semblables, produit la sensation du relief. Comme on le voit, l'invention de cet instrument tendait à faire changer les théories établies sur la vision binoculaire.

Tout le monde sait que, dans la chambre obscure, l'image des objets reçue sur le verre dépoli, produit la sensation du relief ; mais on sait aussi que ce relief disparaît lorsqu'on veut le fixer sur le papier par la photographie. Pour lui communiquer l'effet du relief, Claudet prend deux objectifs, et au moyen de ces objectifs il projette deux images identiques d'un objet quelconque sur le même point d'un écran, afin que celles-ci, se rencontrant au même point, se fondent et n'en forment plus qu'une seule.

L'appareil se compose d'un large écran noir, (*fig.* 14) au milieu duquel on a ménagé un espace carré, occupé par une glace dépolie ; c'est sur cette glace que l'on envoie, comme nous venons de le dire, les deux épreuves stéréoscopiques. Quand on regarde, sans le secours d'aucun instrument, cette image, on perçoit la sensation très-distincte du relief.

Un grand avantage qu'a cet instrument sur le stéréoscope Brewster, c'est que l'on peut contempler cette image absolument comme un tableau, soit à 0^m, 30, soit à 3 mètres de distance, et cela sans la moindre fatigue, et que plusieurs personnes peuvent la regarder à la fois. L'image projetée est plus grande que l'image photographique, par le seul fait de sa projection sur l'écran. Si l'on

CHAPITRE IV

veut rendre encore les effets plus sensibles, on la regarde avec de fortes lentilles convergentes.

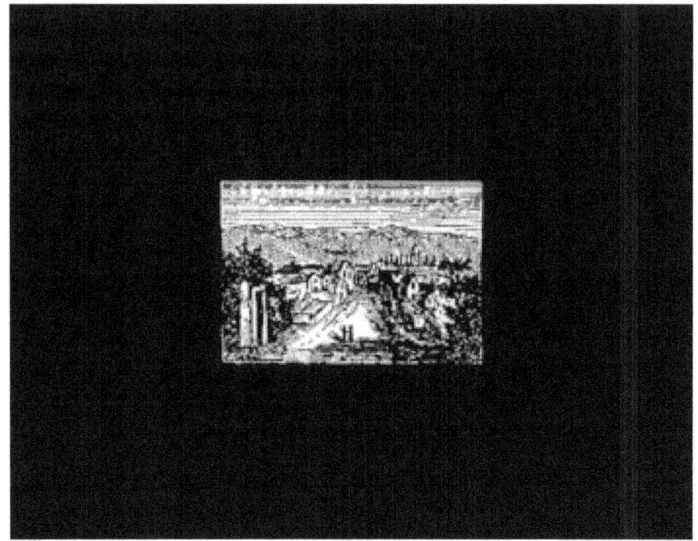

Fig. 14. — Monostéréoscope de Claudet.

On explique le phénomène que produit le monostéréoscope, en disant que, bien qu'il n'y ait sur l'écran qu'une seule image visible, comme ce sont deux dessins accouplés qui produisent le dessin définitif, la sensation du relief est produite parce que chacune de ces images pour ainsi dire virtuelles est vue par chacun des yeux de l'observateur.

Le *monostéréoscope* de Claudet est un remarquable perfectionnement du stéréoscope ordinaire, puisque, au lieu d'une seule personne, ce sont plusieurs personnes qui pourront jouir à la fois des effets de l'instrument. L'illusion du relief produite par le stéréoscope diminue de beaucoup, et quelquefois manque totalement, pour l'observateur qui a les deux yeux d'une portée de vue très-différente (et nous sommes nous-même dans ce cas). Cette inégalité dans le foyer visuel de chaque œil n'est plus un empêchement, avec l'instrument de Claudet, pour jouir du spectacle stéréoscopique.

Un photographe français, M. Quinet, a réclamé la priorité de l'invention de cet instrument, qu'il aurait imaginé en 1853, et désigné sous le nom de *quinétoscope*.

Autre appareil stéréoscopique. — Dans ces derniers temps, on est parvenu à obtenir, par des moyens assez variés, l'effet stéréoscopique, que l'on n'avait pu produire d'abord qu'avec l'appareil à miroirs de M. Weatstone, ou avec l'appareil à deux prismes de Brewster.

Dans le stéréoscope ordinaire, c'est-à-dire dans le stéréoscope de Brewster, aujourd'hui si populaire, chacun, on le sait, doit observer à son tour. Dans l'appareil de M. Claudet, dont nous venons de donner la description, deux ou trois personnes peuvent observer à la fois. M. Ch. d'Almeida, professeur de physique dans un des lycées de Paris, s'est proposé d'obtenir une disposition telle, que les images fussent agrandies jusqu'à devenir visibles à plusieurs mètres de distance, et que les illusions du relief pussent être aperçues, comme dans l'instrument de Claudet, des divers points de la salle où s'exécute l'expérience.

M. d'Almeida a fait connaître deux moyens différents qui permettent d'obtenir ce résultat, c'est-à-dire de rendre les images stéréoscopiques visibles à la fois à un grand nombre de spectateurs.

Voici le premier de ces procédés.

On projette sur un écran les images de deux épreuves stéréoscopiques. On rapproche les deux images projetées sur l'écran, de manière, non à les superposer trait pour trait, ce qui est impossible, car elles ne sont pas identiques, mais à les mettre à peu près dans la position relative où se serait présenté l'objet même ; Ainsi superposées, nos deux images forment sur l'écran un enchevêtrement de lignes qui n'offre que confusion. Il faut, pour que la vision distincte ait lieu, que chacun des deux yeux n'en voie qu'une seule : celle de la perspective qui lui convient. À cet effet, et c'est en cela que consiste la découverte vraiment originale de M. d'Almeida, on place sur le trajet des rayons lumineux, deux verres teints de couleurs qui n'aient de commun aucun élément ou presque aucun élément simple du spectre. L'un est le verre rouge bien connu des physiciens, l'autre un verre vert que l'on trouve dans le commerce. Au moyen de ces verres colorés, l'une des images projetées sur l'écran est rendue verte, l'autre rouge. Si, dès lors, on place devant les yeux ces verres rouges et verts, l'image verte se montre seule à l'œil qui est recouvert du verre vert, l'image rouge à celui qui regarde à travers le verre rouge, et tout aussitôt le relief apparaît.

On peut se déplacer devant l'écran, le phénomène subsiste en présentant les modifications que les notions de la perspective peuvent faire prévoir. Une de ces modifications très-curieuses est celle que l'on observe en se déplaçant latéralement. Il semble alors que l'on voie tous les changements qu'on apercevrait si l'on était devant des objets réellement en relief. Les objets du premier plan semblent marcher en sens inverse du mouvement du spectateur, ce qui ajoute à l'illusion.

Dans son second procédé, M. d'Almeida laisse les images incolores. C'est en interrompant tour à tour le rayon visuel de chacun des yeux, que l'on arrive à ne faire voir à l'œil que l'image qu'il doit voir. On commence, au moyen de fortes lentilles convergentes, par concentrer la lumière en un foyer ; puis avec un carton percé de trous et qui tourne horizontalement sur son axe, on intercepte, d'une façon intermittente la vue de l'écran ; on fait de même pour l'autre image. Ce procédé, comme on le voit, est fort élégant.

Un débat s'est élevé ; sur la priorité de l'invention de la vision stéréoscopique par les verres colorés. M. Rollmann, physicien allemand, s'en est dit l'inventeur : il aurait décrit cette méthode, stéréoscopique en 1853, dans les *Annales de Poggendorff*.

Stéréoscope-omnibus. M. Faye, membre de l'Institut, a fait connaître, en 1856, le moyen de remplacer le stéréoscope par une simple feuille de papier percée de deux trous. Ces deux trous sont de $0^m,002$ de diamètre, et ils sont placés à une distance l'un de l'autre, à peu près égale à celle des deux yeux de l'observateur. Pour se servir de ce *stéréoscope-omnibus*, il suffit de le placer d'une main sur le dessin double qu'on tient de l'autre main, et de l'approcher peu à peu des yeux, sans cesser de regarder le dessin à travers les deux trous. Bientôt, ces deux trous semblent se confondre en un seul : alors l'image en relief apparaît entre les deux images planes, avec une netteté parfaite.

Sans doute, on peut obtenir la sensation du relief avec un dessin double, sans se servir d'aucun appareil ; mais le moyen indiqué par M. Faye facilite la vision stéréoscopique, et s'applique aisément à

Louis Figuier

tous les cas, surtout aux dessins insérés dans des albums ou dans des livres, et qui se rattachent à la cristallographie, à l'histoire naturelle, et qu'on ne peut placer dans le stéréoscope ordinaire.

Le moyen indiqué par M. Faye pourra servir à remplacer les stéréoscopes que vendent nos fabricants : ce sera donc pour le public un clair bénéfice. Nous prévenons seulement les personnes presbytes qu'elles doivent renoncer à en faire usage, l'image stéréoscopique ne se produisant pas avec cet instrument si la vue est un peu longue.

Le stéréoscope remplacé par la lorgnette d'opéra. — Un physicien étranger, M. Zinelli, a trouvé le moyen de produire le même résultat physique avec une lorgnette de spectacle, c'est-à-dire de voir stéréoscopiquement, sans stéréoscope, une épreuve photographique. Voici la manière d'opérer.

L'épreuve doit être placée verticalement sur un piédestal, à la distance d'environ un mètre d'une fenêtre, de telle façon que la lumière tombe sur elle de biais, un peu en avant. On regarde alors l'épreuve au moyen d'une lorgnette d'opéra, en réglant, par une expérience préalable, la distance de la vision distincte, car cette distance varie avec la perspective et la puissance particulière des yeux. Après qu'on l'a trouvée, on voit l'épreuve stéréoscopiquement, c'est-à-dire avec les reliefs : et la perspective que présente la nature.

On peut aussi regarder de la même façon des peintures ou des dessins. Si ces œuvres sont bien exécutées, l'apparence est tout à fait celle de la nature ; dans le cas contraire, on en reconnaît très-bien les défauts. Des images photographiques négatives regardées de cette manière, produisent un imposant effet, et particulièrement les monuments, parce que les blancs des fenêtres les font paraître illuminés. On recommande, pour obtenir ces effets, d'entourer les épreuves d'un cadre noir, ou de les tirer avec des bords noirs au moyen de la photographie.

Les différents stéréoscopes qui viennent d'être décrits, ne sont guère que des appareils scientifiques. Le seul qui soit d'un usage universel, le stéréoscope ordinaire, que vendent les opticiens, est celui de Brewster, ou l'appareil à prismes, dont nous avons représenté les différents modèles dans le chapitre précédent.

CHAPITRE IV

CHAPITRE V

PROCÉDÉS EMPLOYÉS PAR LES PHOTOGRAPHES POUR L'EXÉCUTION DES ÉPREUVES STÉRÉOSCOPIQUES. — LES DOUBLES CHAMBRES OBSCURES, ET LA CHAMBRE OBSCURE SIMPLE.

Nous avons réservé pour la fin de cette notice la description de la méthode qui est employée par les photographes pour prendre les vues destinées au stéréoscope. Le moment est venu de traiter cette question.

D'après les explications développées dans les pages précédentes, on sait que les épreuves photographiques destinées à être regardées au stéréoscope, et à donner l'effet du relief, doivent être doubles, concorder mathématiquement dans leurs parties centrales, mais différer d'une certaine quantité sur leurs parties latérales. Il faut pour cela, que l'épreuve de gauche ait été prise dans une direction un peu inclinée à gauche, et l'épreuve de droite dans une direction un peu oblique à droite.

L'angle qui représente ces différences d'aspect, varie selon que les objets sont rapprochés ou éloignés. Cet angle doit être beaucoup plus grand pour la vue stéréoscopique d'un paysage, c'est-à-dire pour un champ très-étendu de vision, que pour un buste ou un portrait, que l'on photographie à faible distance. On fait donc usage de deux appareils différents, selon que l'on veut prendre une vue stéréoscopique d'un objet rapproché ou éloigné. Dans le premier cas, on se sert de deux chambres noires ; un seul appareil suffit pour le second cas.

Nous considérerons le premier cas, et supposerons qu'il s'agisse de faire deux épreuves stéréoscopiques du buste représenté sur la figure 15.

Sur une planchette portée par un trépied, on pose deux petites chambres noires, à la distance de 2 mètres environ du modèle, et l'on fixe ces deux chambres noires sur la planchette, au moyen de la coulisse et de la vis dont cette planchette est munie, en les tenant à un écartement de $0^m,12$ à $0^m,15$ environ. On aura préalablement déterminé le centre de figure du verre dépoli de la chambre obscure, sur lequel doit se former l'image, en traçant sur cette glace, au moyen d'un crayon, deux diagonales. Le centre de figure est le

Louis Figuier

point où les deux diagonales se coupent. Alors on recevra l'image du modèle sur la glace de la chambre noire de gauche ; et on la mettra bien au foyer de la lentille, en remarquant avec attention quelle est la partie du modèle qui vient former son image sur le centre de figure de la glace. Ensuite on mettra au point la chambre noire de droite, en amenant sur le point central de sa glace, la même partie du modèle qui occupait le centre de la première glace.

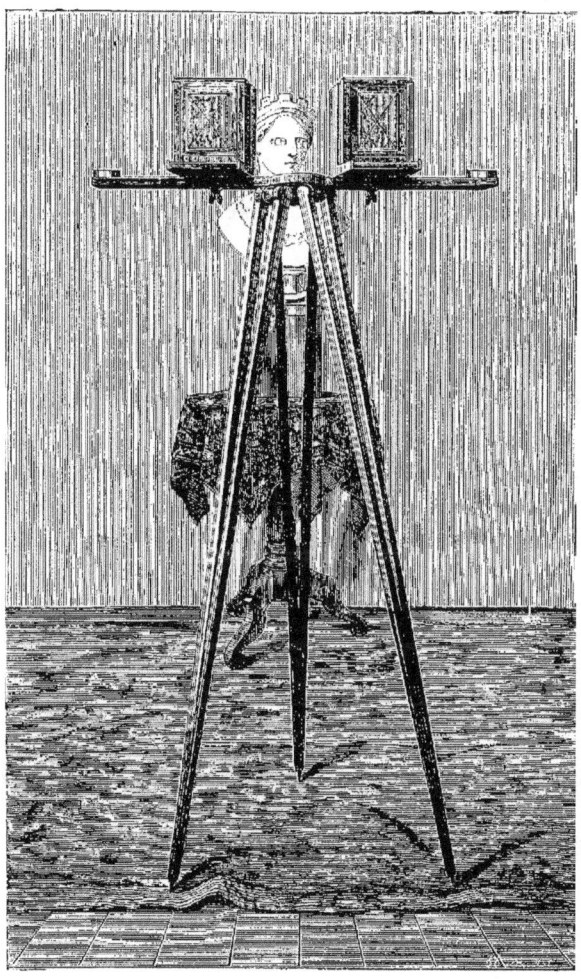

Fig. 15. — Manière de prendre les épreuves stéréoscopiques d'objets rapprochés.

CHAPITRE V

Les positions des deux chambres noires étant ainsi bien déterminées, on les arrête dans cette position, au moyen de la vis dont la planchette est munie, et l'on remplace les glaces dépolies des chambres noires, par les châssis contenant la lame de verre collodionnée. Alors, découvrant l'obturateur, on reçoit l'impression chimique sur la lame de verre collodionnée de l'une des chambres noires ; puis on opère de la même manière pour l'autre glace collodionnée.

Ces plaques collodionnées, retirées des châssis des chambres noires, sont ensuite traitées à la manière ordinaire, c'est-à-dire transformées en clichés négatifs, lesquels serviront à tirer les épreuves positives, sur papier. Ces deux épreuves positives étant rapprochées, c'est-à-dire appliquées sur le carton, à une faible distance l'une de l'autre, seront prêtes à être introduites dans le stéréoscope.

Au lieu de tirer ces épreuves sur papier, on les tire quelquefois sur une lame de verre, dont la transparence ajoute beaucoup à l'effet.

Cette méthode n'est plus applicable, quand il s'agit de prendre des vues stéréoscopiques d'objets très-éloignés, par exemple, de paysages ou de monuments. Dans ce cas, une seule chambre noire est employée pour produire les deux images stéréoscopiques, grâce aux dispositions que nous allons décrire.

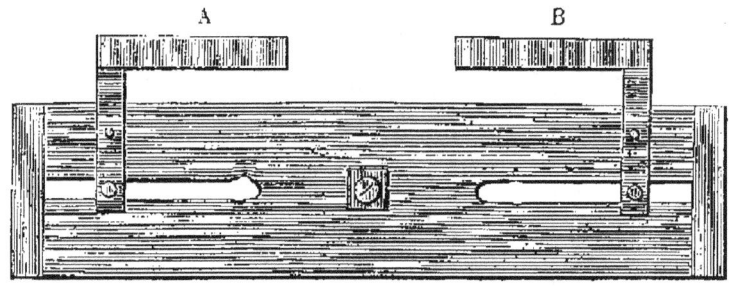

Fig. 16. — Planchette supportant la chambre noire pour les vues stéréoscopiques éloignées.

La planchette que l'on pose sur le trépied et qui doit supporter elle-même la chambre noire (*fig.* 16) a une longueur de 0^m,50 à 0^m,60. Percée d'une rainure, elle est munie de deux équerres en bois A, B, qui peuvent se rapprocher ou s'éloigner dans la rainure, et se fixer à un écartement voulu, au moyen d'une vis. On place la chambre noire unique, qui doit servir à prendre les deux vues dissemblables, contre une des équerres A, et l'on remarque bien à quelle partie du paysage ou du monument, correspond le centre de figure de la glace dépolie, centre de figure qui a été déterminé, comme nous l'avons dit plus haut, par l'intersection de deux diagonales. On forme aussitôt l'image photographique du modèle, en remplaçant la glace dépolie par le châssis à reproduction contenant la glace collodionnée. Cela fait, on pousse la chambre noire contre l'autre équerre, B, dont on fait varier la position, jusqu'à ce que la même partie du paysage ou du monument vienne encore correspondre au centre de la glace dépolie. Ce point étant bien déterminé, on fixe solidement la seconde équerre au moyen de la vis. On remplace la glace dépolie par la plaque de verre sensibilisée, et l'on reçoit la seconde image sur cette plaque sensibilisée.

Une seule chambre obscure, à objectif unique, peut servir, disons-nous, à prendre successivement les deux épreuves sur chaque moitié de la glace. Seulement, lorsqu'on découpera chaque épreuve positive pour la coller sur sa carte, il sera nécessaire de coller l'épreuve stéréoscopique gauche, à droite du carton, et l'épreuve stéréoscopique droite, à gauche du même carton. On peut remédier à cet inconvénient, quand on prend les deux vues photographiques ; il suffit de prendre la vue de droite sur le côté gauche de la glace collodionnée, et la vue de gauche sur son côté droit.

La distance à laisser entre les deux points d'arrêt de la chambre noire, ne doit pas être de plus de $0^m,07$ qui est l'écartement moyen des deux prunelles de nos yeux. En observant bien cet écartement, les épreuves stéréoscopiques sont excellentes et ne fatiguent point la vue.

CHAPITRE V

ISBN : 978-1533429780

www.ingramcontent.com/pod-product-compliance
Lightning Source LLC
Chambersburg PA
CBHW070339190526
45169CB00005B/1965